LA RÉPUBLIQUE

ET LA

QUESTION OUVRIÈRE

PAR

G. STEINHEIL

Député démissionnaire des Vosges

PARIS

LIBRAIRIE FRANKLIN

HENRY BELLAIRE, ÉDITEUR

74, rue des Saints-Pères, 74

1873

20 centimes

ALMANACHS POUR 1873

La Librairie Franklin publiera une série d'almanachs *utiles et honnêtes*, pouvant être lus avec profit par *tous* et par *toutes*, et elle s'est assurée dans ce but la collaboration des hommes les plus compétents. La partie typographique et artistique, à laquelle tous les soins désirables ont également été apportés, l'abondance et le choix des matières font des almanachs publiés par la Librairie Franklin d'excellents livres à répandre pour contribuer au relèvement matériel et moral de la patrie.

Almanach de la Paix. Texte par Ed. Laboulaye, F. Passy, E. Vacca, Lescarret, P. Brandat, Santallier, Henry Bellaire, Ratel, etc., etc. Dessins de Bertall, Gérardin, etc...   » 50

Almanach des jeunes Mères et des Nourrices, publié par la *Société protectrice de l'enfance de Lyon*. Texte par MM. les Drs Brochard, Rodet, Fonteret, Bouchacourt, etc., etc. Dessins sur bois de Lix, gravés par Daudenarde ....   » 75

> Cet almanach de 140 pages, orné de gracieux dessins, est à la fois un charmant album et un livre indispensable aux mères de famille : il a été l'œuvre de la souscription de plusieurs municipalités et de l'administration de l'assistance publique.

Almanach pour Tous, par Emile Lefèvre, avec le concours de MM. Jean Macé, F. Passy, Ch. Robert, Mme Hippolyte Meunier, de Beaupré, Henry Bellaire, Ratel, E. Nus, F. Coppée, Sauvestre, Jame, etc., etc., 200 pages...   » 50

LA

RÉPUBLIQUE

ET LA QUESTION OUVRIÈRE

Magny en Vexin (Seine-et-Oise). — Imp. O. Petit.

LA
RÉPUBLIQUE

ET LA
QUESTION OUVRIÈRE

PAR

G. STEINHEIL

Député démissionnaire des Vosges

PARIS

LIBRAIRIE FRANKLIN

HENRY BELLAIRE, ÉDITEUR

71, rue des Saints-Pères, 71

1873

LA

RÉPUBLIQUE

ET LA QUESTION OUVRIÈRE (*)

> Que chacun ne regarde
> pas à ses intérêts seuls, mais
> aussi à ceux des autres.

Comment la République pourrait-elle se désintéresser de la question ouvrière? Son devoir le plus sacré, en même temps que son intérêt le moins contestable, lui commande de se préoccuper constamment des ouvriers des villes et des campagnes, et de faire ce qui est en son pouvoir pour que ces travailleurs, qui

(*) Tous droits réservés.

forment l'immense majorité de la nation, deviennent des citoyens également aptes à remplir leurs devoirs et à exercer leurs droits.

Le côté le plus important de cette vaste question, ce sont les rapports entre les patrons et les ouvriers.

Quels sont actuellement ces rapports ?

Généralement ces rapports sont tendus, et trop souvent les patrons et les ouvriers forment deux camps hostiles.

Les rapports réciproquement affectueux, qui devraient être la règle, sont devenus la trop rare exception. Si l'abîme qui sépare les ouvriers des patrons continuait à s'élargir et à se creuser, notre civilisation finirait par s'y engloutir. A ceux qui en doutent ou qui le nient, je rappelle la récente insurrection de Paris et les horreurs du règne de la Commune révolutionnaire.

La guerre entre le capital et le travail peut-elle être profitable à l'un ou à l'autre ? Non, car le capital n'est rien sans le travail, et le travail n'est rien sans le capital. Le capital et le travail, unis, vivent et prospèrent, et ensemble ils créent la richesse ; séparés, ils meurent. Voyez ce que produit une grève : que devient, à ce moment, le capital employé aux bâtiments, aux machines, aux marchandises d'une exploitation ? Ce capital est devenu absolument improductif et stérile. Et le travail ? Le travail a cessé, le salaire a disparu, et la misère, sous toutes ses formes, est devenue le partage de la famille ouvrière. Voilà ce que produit la guerre entre le capital et le travail ; voilà quels sont, pour le capitaliste et pour le travailleur, les funestes effets de cet antagonisme insensé. Puisque ce n'est que de leur accord que dépend la prospérité croissante des uns et des autres, il faut que les efforts incessants des uns et des autres s'emploient au maintien et à la consolidation de cet accord, en ne regardant pas à leurs intérêts seuls, mais aussi à ceux des autres.

Du salaire

Le salaire, voilà la pomme de discorde. Mais, sur ce terrain, commençons par dissiper cette erreur très-grave qui attribue tantôt à l'égoïsme des patrons, tantôt à la coalition des ouvriers, une part beaucoup plus large dans la fixation des salaires, que celle qui réellement leur appartient. Tel patron, très-avare, paye des salaires élevés, parce qu'en payant moins il ne trouverait point d'ouvriers, ou que, tout au moins, il ne trouverait que des ouvriers mauvais, qui, en réalité, coûtent plus cher que les bons. Tel autre patron bienveillant est obligé à payer de faibles salaires, parce que des salaires élevés ne lui permettraient pas de vendre ses produits sans perte. Le salaire ne peut donc ni s'abaisser au-dessous du niveau où le travail cesse de s'offrir, ni dépasser le niveau où la fabrication devient stérile ou ruineuse.

Il en est du travail comme de la marchandise : il subit la loi de l'offre et de la demande. Quand les bras sont trop abondants, les salaires tendent à baisser, tandis qu'ils s'élèvent dans le cas contraire.

Toutefois, la volonté des patrons et celle des ouvriers jouent un rôle dans la fixation des salaires. Si les uns et les autres ne se préoccupent que de leur intérêt personnel, les patrons payeront trop peu et les ouvriers exigeront trop. De là résultent les tiraillements, la désaffection réciproque et les grèves ruineuses pour les uns et pour les autres. Mais que le patron et l'ouvrier ne regardent pas seulement chacun à son intérêt particulier,

mais aussi à celui de l'autre, et alors ils
se rencontreront sur le terrain de ce qui
est à la fois raisonnable et possible, et
tous les deux s'en trouveront bien.

Du salariat

Après avoir parlé du salaire, je ne
saurais passer sous silence le *salariat*.

Serait-il vrai que le salarié soit l'es-
clave du capital, le serf du patron ?
Serait-il vrai qu'il y ait, dans la position
du salarié, quelque chose de contraire à
l'égalité républicaine ?

Qu'est-ce que le salaire ? C'est la rémunération du travail. Entre le salaire de
l'ouvrier, les appointements de l'em-

ployé, le traitement du fonctionnaire ou du magistrat, je n'aperçois aucune différence, si ce n'est dans l'importance ou dans la nature du travail, auxquelles correspond l'importance et la nature de la rémunération.

De même que le salaire rémunère le travail, l'intérêt, le loyer, le dividende, payent les services rendus par le capital.

Qu'il s'agisse donc du travail ou du capital, il y a, des deux côtés, un service rendu et rémunéré suivant les conventions arrêtées entre les contractants. Il n'y a donc dans le salariat rien d'attentatoire à la dignité d'homme ni à la liberté républicaine.

De l'association

Dans un certain sens, les ouvriers sont toujours associés plus ou moins largement aux chances bonnes ou mauvaises de leurs industries respectives. Qu'une industrie prospère, et elle tiendra tout naturellement à donner le maximum du travail et du salaire ; si elle végète, le chômage diminue le travail, et le salaire s'abaisse. Et si une industrie succombe, il y a non-seulement ruine pour le patron, mais grande souffrance pour les ouvriers. Ce qui montre clairement qu'il y a solidarité et que le bien du patron est aussi le bien de l'ouvrier.

Toutefois, dans l'organisation actuelle de l'industrie, la solidarité entre le capital et le travail est incomplète. Généralement, on s'efforce de maintenir la fixité des salaires, et c'est le capital qui seul bénéficie des bonnes chances et supporte les mauvaises chances de l'industrie. Serait-il sage d'associer complètement le travail à ces chances industrielles?

Certaines industries peu compliquées, peu chanceuses, et dans lesquelles la main-d'œuvre joue un rôle très-grand, permettent assez facilement cette association de l'ouvrier aux résultats de l'exploitation.

Elle est plus difficile à réaliser dans ces grandes industries dont les résultats dépendent surtout de la perfection de l'outillage, de l'importance du capital et des fluctuations incessantes du prix des matières premières et des produits fabriqués.

Toutefois, même dans ce cas, une certaine participation de l'ouvrier aux résultats de l'usine n'est pas impossible.

En résumé, et en m'éclairant de mon expérience personnelle, j'estime que le salaire fixe doit rester la rémunération principale de l'ouvrier, mais qu'il est sage d'ajouter dans les années prospères, à ce salaire fixe, une certaine participation au bénéfice, participation spontanément allouée par les patrons, participation nécessairement restreinte, car, pour être large dans les bonnes années, il faudrait qu'elle s'étendît aussi aux résultats des années médiocres et mauvaises.

J'ajoute que la pratique de l'association, même restreinte, exige, pour donner de bons résultats, une plus grande somme de développement intellectuel et moral que la pratique beaucoup plus simple du salariat, et qu'ici surtout il importe de constamment s'inspirer de cette règle : que chacun ne regarde pas à ses intérêts seuls, mais aussi à ceux des autres.

Ce même principe est la base nécessaire des associations ouvrières. Elles prospèrent en le pratiquant, et elles succombent en le négligeant.

Les associations ouvrières sont possibles dans un certain nombre d'industries. Les ouvriers qui se croient trop peu payés ont mieux à faire qu'à se mettre en grève : c'est de s'associer entre eux. Les patrons, pour conserver leurs ouvriers et pour éviter leur concurrence, accorderont, dans ce cas, tout ce qu'il est possible d'accorder. Si malgré cela l'association ouvrière se forme, elle procure à l'ouvrier, dans cette condition nouvelle, du travail et du pain, tandis que la grève ne fait que démoraliser par l'oisiveté et exaspérer par la misère.

*
* *

Des machines

On ne saurait traiter la question ouvrière sans parler des machines.

Leur rôle est incalculable dans l'industrie moderne, car c'est à leur emploi que sont dus les merveilleux progrès de cette industrie.

La machine collabore avec l'ouvrier en le déchargeant de la partie la plus pénible de son travail. Elle exécute, avec une force que rien ne lasse, avec une régularité mathématique et une merveilleuse précision, sa part de travail, en laissant à l'ouvrier la part plus élevée qui appartient à l'attention et à l'intelligence. Les machines sont d'infatigables esclaves dont le patron est le propriétaire et dont les ouvriers sont les surveillants et les directeurs. Leur effet naturel est de rendre moins pénible le travail de l'ouvrier et d'élever son salaire, d'où il résulte que, malgré les apparences contraires, les ouvriers doivent considérer les machines comme de précieux auxiliaires, et non pas comme des ennemis.

Mais il importe aussi que les patrons, quand ils introduisent des machines destinées à diminuer le nombre de leurs ouvriers, agissent avec humanité. Chaque progrès cause une souffrance, parce qu'il ne peut s'accomplir qu'en froissant momentanément certains intérêts. On aggrave cette perturbation en agissant avec un égoïsme brutal et sans entrailles, tandis qu'on parvient à la supprimer parfois, ou du moins à la diminuer considérablement, en regardant aussi aux intérêts des autres.

Institutions pour améliorer le sort des ouvriers

Elles sont si nombreuses, que l'énumération que j'en vais faire sera nécessairement incomplète. Je mentionnerai particulièrement celles dont j'ai fait l'expérience. Que les patrons qui comprennent qu'ils ne doivent pas regarder à leurs intérêts seuls, mais aussi à ceux de leurs ouvriers, encouragent ces institutions et y coopèrent.

Que les chefs d'industrie et les ouvriers observent le dimanche. Ceux qui ne consacrent pas ce jour-là au repos, à leur famille et à leurs devoirs religieux, donneront aisément le lundi... et parfois le mardi au désordre et à la débauche.

Que les enfants de la famille ouvrière suivent assidûment *l'école.* Une instruction élémentaire saine et suffisante, instruction non-seulement intellectuelle, mais aussi morale et religieuse, voilà la base indispensable de toute amélioration du sort des ouvriers.

Des cours du soir pour les adultes, des conférences, des cercles d'ouvriers, une bonne bibliothèque populaire, voilà les vrais moyens de faire du bien aux ouvriers. Que les patrons s'en préoccupent et s'y emploient; que les ouvriers en usent, et qu'ils sachent préférer ces nobles jouissances au plaisir malsain du cabaret.

De l'épargne

L'économie et l'épargne sont indispensables pour relever la position de la famille ouvrière. Je connais beaucoup

de familles qui, malgré d'assez faibles
salaires, sont arrivées à une certaine
aisance par l'ordre et l'économie. J'en
connais d'autres qui, malgré des salaires
élevés, végètent dans la misère et sont
vouées au prolétariat par leurs désordres
et par leurs vices. Que les patrons
s'efforcent de doter leurs localités des
institutions qui favorisent l'épargne, et
que les ouvriers aient à cœur d'en
profiter avec persévérance.

Des associations coopératives

Les *associations coopératives* de con-
sommation, d'épargne et de prêt, et, pour
les artisans, d'achat de leurs matières
premières, sont des institutions qui,

sagement établies, gérées avec prudence, sont d'une grande efficacité pour améliorer la situation des ouvriers. Je connais une petite société de coopération, par le moyen de laquelle une quarantaine de familles s'approvisionnent dans les meilleures conditions, de denrées alimentaires et d'articles d'épicerie. La plupart de ces familles se sont élevées de la pauvreté à une certaine aisance.

Des sociétés de secours mutuels

La maladie est une cause fréquente de ruine pour la famille ouvrière, car elle tarit les recettes, en même temps qu'elle augmente les dépenses. Les sociétés de secours mutuels sont une précieuse ressource pour ce cas, en ce qu'elles assurent à leurs associés, non-seulement les secours médicaux et pharmaceutiques, mais encore des secours réguliers en argent pour toute la durée de la maladie. Qu'au lieu de laisser aux ouvriers seuls le soin d'assurer par leurs cotisations tous les services de la caisse de secours, les patrons s'y associent largement, comme membres honoraires, et qu'ainsi les recettes s'alimentent à la fois par les subventions des patrons et par les cotisations des ouvriers. Que les patrons aient leur place dans le comité d'administration; et, grâce au concours de leur expérience et de leur argent, l'association de secours mutuels pourra allouer des secours aux veuves, servir des pensions aux ouvriers âgés et infirmes, et, malgré tous ces services, économiser un capital dont les intérêts constituent une ressource. Secours mutuels en cas de maladie, pensions de retraite pour la veillesse, voilà de quoi doivent se préoccuper les patrons et ce que doivent soigneusement utiliser les ouvriers.

Des sociétés de construction

Une chose très-précieuse pour l'ouvrier, c'est l'acquisition ou la construction d'une petite maison qui soit sa propriété. Dans notre industrie moderne, qui emploie de plus en plus de grands capitaux, qui s'installe dans de vastes ateliers et qui utilise un matériel très-coûteux, le nombre des ouvriers qui deviennent patrons est nécessairement restreint. Mais tout ouvrier doit tendre à devenir propriétaire de la maison qui abritera sa famille. C'est là un avantage inappréciable, car c'est dans ces conditions que la vie de la famille ouvrière se développe sainement et que cette famille, au lieu de végéter dans un prolétariat malfaisant, prend sa place honorable dans les rangs de la petite bourgeoisie. L'ouvrier misérablement logé néglige souvent sa famille et préfère le cabaret à son triste foyer, tandis que l'ouvrier propriétaire de sa petite maison s'y plaît et peut y être très-heureux au milieu des siens. C'est par des sociétés pour la construction de maisons ouvrières, ou en prêtant sur hypothèque à l'ouvrier qui veut construire ou acquérir une maison, que ce but désirable est le plus aisément atteint. Que les patrons, préoccupés du bien des ouvriers, forment ou favorisent ces sociétés pour la construction, et que les ouvriers, loin de se complaire dans une fatale insouciance, aient à cœur de devenir propriétaires d'une maison.

Des rapports directs entre les patrons et les ouvriers

On a beau multiplier les institutions que je viens d'énumérer : cela ne suffit point pour établir de bons rapports entre les patrons et les ouvriers. Il faut pour cela le contact direct et personnel, le respect réciproque et l'affection véritable. La religion du Christ, bien comprise, fidèlement pratiquée, peut seule implanter et entretenir dans les cœurs, la bienveillance et la justice, base indispensable des bons rapports. Là où manque cette base, il n'y a plus, chez les patrons, que l'égoïsme qui calcule, la froide indifférence du cœur, qui ne s'émeut ni des souffrances ni des joies de nos frères, et qui n'a d'autre souci que d'amasser et de jouir. Et l'ouvrier, à son tour, s'il n'a pas appris à l'école du Christ à pardonner, à aimer et à espérer, ouvre son cœur à la haine, à l'envie et à la vengeance. Quand de tels sentiments ont remplacé ceux du dévouement et de la justice, on a beau faire des lois et multiplier les institutions... tout cela ne sont que des palliatifs insuffisants. Ce qu'il faut avant tout et par-dessus tout, c'est un *esprit nouveau*.

Vous employez des ouvriers : les connaissez-vous, et vous connaissent-ils ? Êtes-vous allé les visiter quand ils étaient malades ? Savent-ils qu'ils ont en vous un ami auquel ils peuvent s'ouvrir, et qui ne demande pas mieux que de leur être utile ?

Il faudrait que chaque atelier ressemblât à une tribu et formât, en quelque sorte, une grande famille. Le patron doit, avec une sollicitude constante, se préoccuper de ses ouvriers et être, à leur égard, à la fois juste et affectueux, en même temps que les ouvriers doivent entourer leur patron de confiance et de respect.

*
* *

Ce n'est point là le caractère général de notre civilisation contemporaine. La vie religieuse est bien affaiblie, et cette haute et saine moralité chrétienne nous fait défaut. Que notre première préoccupation soit de conquérir ces biens supérieurs à tous les autres et indispensables d'ailleurs pour nous les assurer.

Notre civilisation contemporaine, si brillante et si avancée, porte dans ses flancs de redoutables ennemis.

La guerre ravage et ruine les familles et les nations. La paix armée leur coûte des milliards de dépenses improductives, et d'autres milliards, en enlevant au travail et à la famille l'élite de nos populations. La spoliation, sous toutes ses formes, exerce ses ravages dans le domaine économique, en même temps que le vice énerve et affaiblit, corrompt et diminue la grande famille humaine.

Nous sommes appelés à remplir la terre, à la peupler, à nous la soumettre et à défricher ces régions d'une étendue immense, d'une fertilité inépuisable, qui pourraient nourrir abondamment d'innombrables populations, et qui sont encore abandonnées aux bêtes féroces et aux rares tribus sauvages qui y végètent misérablement.

Je viens d'esquisser très-brièvement la question ouvrière, telle que je la comprends par une expérience d'une trentaine d'années. J'ai essayé d'indiquer les moyens les plus efficaces pour relever la condition économique, intellectuelle et morale des ouvriers. J'ai montré l'importance capitale du contact direct et personnel entre les différents membres de la société pour arriver à former et à entretenir des rapports de respect, de bienveillance et de justice réciproques. Ce but sera atteint dans la mesure dans laquelle chacun ne regardera pas à ses intérêts seuls, mais aussi à ceux des autres.

Ayons les sentiments qui ont été ceux de Jésus-Christ.

FIN

LONDRES PITTORESQUE

SUPERBE ALBUM IN-4°, IMPRIMÉ PAR CLAYE

26 compositions de FAUSTIN ; texte de ROGER D'ALTON

PRIX : 5 FRANCS